考えなしの行動？

ジェーン・フルトン・スーリ＋IDEO 著
森 博嗣 訳

太田出版

目次

訳者まえがき　森 博嗣

着眼と発想のエクササイズ

　日本人の多くは「デザイン」という言葉を誤解して認識しているようだ、と常々感じる。たとえば、家にペンキを塗ると、近所の人が「どうして色を変えたのですか?」と尋ねてくる。特に理由はないので、「気分転換です」と答えると、「ああ、デザインですか」と言われたりする。この場合、「機能的な理由でなく、好き嫌いの問題だ」という意味で「デザイン」が使われているのだ。「単なるデザイン」などというフレーズも頻繁に耳にするところである。「物理的な根拠はないが、模様や格好だけを奇抜にしてみました」といった様子を表しているらしい。

　僕は建築学科で学んだので、一般の人よりはデザインについて多少は専門家寄りかもしれない。だから、みんなが使う「デザイン」にニュアンスの違いを感じるのだろう。デザインは、日本語でいえば「設計」のこと。これが「デザイン」を訳した言葉であり、ずばりの意味のはず。また、designとは、語源としては「削る」という意味合いを持っていて、日本語で近いものを探すと、「最適化」あるいは「合理化」が思い浮かぶ。もう少し極論すれば、コンピュータでデータを解析して決定することがデザインであり、これは、人間の感性によって生まれるアートと両極をなすものといえる。つまり、「飾り」とか「ファッション」ではない領域こそが、デザインの対象なのである。

アーティストというのは、ある程度は天性の感覚が求められる（実は、本気でそうは信じていないが）。大衆は、アートを見て、「わけがわからない」とときどきぼやくけれど、もともと「わかる」ものではなく、「感じる」ものだろう。一方、デザインは、「わけのわからない」ものであってはならない。そこには、明確な理由があり、手法があり、目指す機能が盛り込まれている。そうでなければ、デザインではない。

本書は、そのデザインについての「道筋」、つまり、手法を平易に述べたものであり、同時に、デザインされた製品の見方・理解のし方、すなわち評価方法を教えてくれる。

デザインの大部分は、実

は計算であるが、その以前に、なんらかの「発想」がなくてはならない。ここが人間の仕事といえる部分である。発想さえできれば、あとはコンピュータ（あるいは部下）が計算してくれるだろう。

発想は、しかし、どうすればできるのか、マニュアルになりにくく、伝授が難しい。多くの初心者は、同類の作品に数多く触れることで学べるもの、と誤解している。デザインされた製品を沢山見て、どのようにしてそれらが生まれたのかを辿ることは大切だが、それはあくまでも過去の一例にすぎない。そうではなく、新たな「視点」を見つけなければ、自分のデザインは生まれない。

本書は、そういった訓練のために作られた極めて良質な「ドリル」である。原書では、写真だけが掲載され、一切の説明がない。個々の写真についての解説（というよりも、遠回しなヒント）は、巻末に、ドリルの解答編のように収録されている。本来はその方が、学習には向いているだろう。写真だけを見せて、まずは自由に考えさせるようにデザインされているのである。
ただし、デザイナを目指すような人ならば、既に原書を手にしているものと思うし、日本語で読む人の多くは、特にデザイナになりたいわけではなく、もっとリラックスして「ものの見方」を楽しみたい、「思考の履歴」に触れたい、という読者だろうと考え、日本語版では写真のページに解説を併記した。逆にいえば、そのような楽しみ方にも耐える内容である、と感じたからだ。
繰り返すが、デザインの専門家であれば、本書を原書で読むべきである。英語の方が、著者の論点は明らかにわかりやすい。日本語にすると諄《くど》い表現になるばかりで、無意味に難しくなってしまう。ニュアンスが僅かに異なっても、できるかぎりわかりやすい表現にしたつもりだが、もちろんまったく違う意味にすることはできないし、書き足すわけにもいかない。僕は、英語の論文を書くときは、理屈を英語で考える。日本語で考えた理屈は、英語にしにくいからだ。同様に、英語の理屈は日本語にすると難しくなる。翻訳された書物から、「論理＝難解」というイメージを多くの日本人が持ってしまったのではないか、と疑っているくらいだ。

初歩的な解説をするならば、本書が語ろうとしているのは、要約すると二点だと思われる。

一つめは、「着眼」である。どこを見るか、どこに目をつけるか、ということ。特に、「自分の目」をどこへ向けるかという意味であり、それには、街へ出て、生の人間たちの行動を見ろ、と書かれている。書物に情報を求めれば、著者の視点になる。TVも映画も、カメラマンの視野になる。そういった他人の目を通して見るのではなく、自分の視点を持て、ということだろう。

もう一つは「発想」である。ただ目をつけるだけではなく、そこから考えなければならない。考えれば、上手くすれば「閃き」を摑むことができるだろう。その場ですぐに出なくても、「なにか引っかかるな」と思った場面を写真に撮っておけば、あとでじっくりと眺め、時間をかけて考えることができる。これも、手法として優れた点の一つである。

観察する視点、つまりどこに着目するかが一番重要なことであり、これこそがその人の力だ。経験的にいえば、見るところさえ見れば（つまり、見つけさえすれば）、自然に発想できるようになる。だから、「着眼」と「発想」の両者は、一体のものであり、前後関係も不明確だ。

もちろん、これらはデザインの最初の1%であって、このあとに、「工夫」という99%の労働が控えている。ただ、それらの多くは、前述のとおり、大勢で協力し合うことができ、コンピュータで処理をすることも可能である。最初の1%だけが、個人技なのだ。

また、ものをデザインするときに、デザイナが見ているのは、その「もの」ではない、ということも、本書からよく理解できるだろう。彼らが見ているのは、それを使う人、それを感じる人たちである。その人たちが、それをどう扱うのか、どう感じるか、あるいは、どのように間違える可能性があるのか、をデザイナは見ている。これは、作家が見ているのは小説のストーリィでも登場人物でもなく、読者である、というのと同じだ。

実は、本書のキィワードといえる「人間観察」は、小説を書く場合にも基本となる手法といえる。「小説家になるためには、どうすれば良いですか？」「どれくらい本を読めば良いでしょうか？」といった質問をよくいただくけれど、答は、「人を観察すること」に尽きる。本など読む時間があったら、街へ出かけて、自分の目で人々を観察すること。みんなは、どんなふうにしゃべるのか、どう反応するのか。さらに、何を考えているのか、と想像すれば、それが自然に小説の素材となる。完成した作品をいくら読んでも、「こんなものが書きたい」という欲求が大きくなるだけだ。注意をしないと、模倣になりかねない。おそらく、デザイナの仕事でも同様だろう。

たとえば、本書の写真を眺めただけで、ミステリィのトリックを幾つか思いついた。なにを見ても、つい推理をしてしまうのが、ミステリィ作家の習性であるように、プロのデザイナは、どこにでも自分の仕事のアイデアを見出すのだろう。

プロフェッショナルとは、常にビジネスチャンスに敏感なものである。

　ところで、シャーロック・ホームズならば、こんなやり取りになるかもしれない。

「ワトソン君、そこの牛乳パックを見たまえ」

「これがどうしたというんだ？」

「それは、何故そこにある？」

「そんなこと、私は知らないよ。これは、ただのゴミじゃないか」

「その状況が何を意味しているか、君は考えないのかい？」

「意味？　意味などないよ。気ままに捨てた結果だろうね」

「何故、ほかの場所ではなく、そこなのかな？」

「捨てた奴の気持ちなんかわからないよ」

「うん、まあ、そうかもしれない」

「ホームズ、いったい君は何がいいたいんだ？」

「いいかい、ワトソン君。君の初歩的なミスは、人が積極的に意図しない行動には、いかなる理由も存在しないと思い込んでいることだ」

作用？

私たちは、自分たちが遭遇する物体や空間と、
自動的にやりとりをしている。

地下鉄通路

視覚と同様に、触覚による指示が、
通行人を本能的に正しい道筋へ導く。

自転車路

おそらく付随的に、脱線しないための
触覚・視覚両方による促進。

表面回避

通り道を選ぶのに、かろうじて意識的な調節がなされる。
表面の変化を感知することが、いかに有効に使われているか。

歩行

動作が制限されるので、
片手はフリーにしておく傾向がある。

両手ふさがり

ある物体（ここでは熱いもの）は特殊な方法で
支持しなければならない。柔軟性こそ便利さのキーだ。

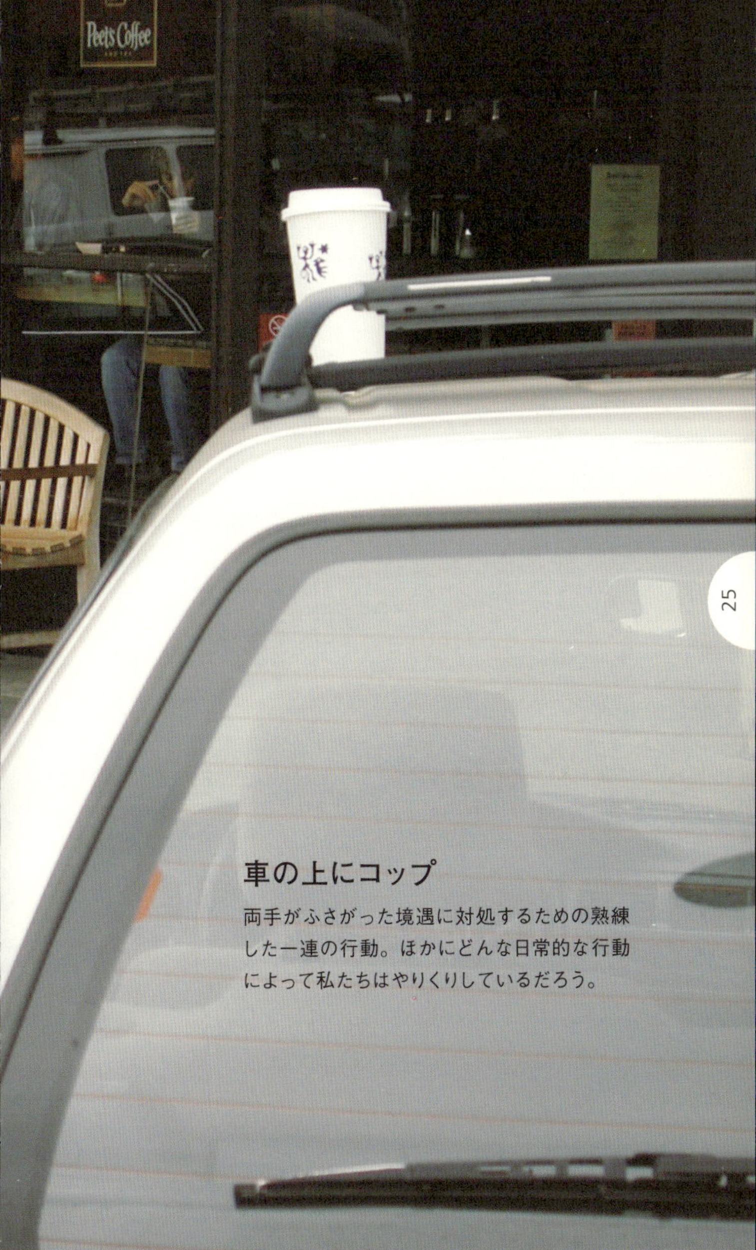

車の上にコップ

両手がふさがった境遇に対処するための熟練した一連の行動。ほかにどんな日常的な行動によって私たちはやりくりしているだろう。

紐《ひも》結び

想定外の必要性に迫られることは常にある。ここでは、
足にちょうど適した高さのなにか。多目的な要素と表面は多用途に向く。

カップ状の手

反射を避ける。光と表面の調節は、
ほかにどんなところで利用されるか。

窓を鏡に

無意識の反応、あるいは、探していた反射なのか。

日除け紙

構造とはいえないかもしれないが、ここでは、
最適な光と距離を生み出すために紙が支持されている。

雑誌共有

公共の場で私的な内容を楽しむ。
光と陰がともに空間を定義する。

バッグをくわえる

動いているとき、両手を自由にする方法はいくつあるか。

犬をつなぐ

その目的で作られた柱ではないが、完璧に問題を解決している。
他の対策でも、人々を近くの店に立ち寄らせ、
買いものをさせることを促進できるだろうか。

電話ボックスの足

快適さやゆったりとした感覚を求めて、
私たちの足はいろいろな表面を探している。

足の間のバッグ

公共の場において、安心感とともに、
まだ個人の場であるという錯覚をもたらすアイテム。

膝の上にバッグ

公共の場において、私たちは大事なものを
自分の個人空間の中に集めようとする。

雑音の遮蔽

「いつでも、どこでも」コミュニケーションが
とれる自由を私たちにもたらした道具は、
同時に私たちに適切な状況を作るように要求する。

耳に指を

電話中のこの人は、公共の場で視覚的にも聴覚的にも邪魔ものを抑制しようとしている。彼女の姿勢は、意図を他者に伝え、たぶん、近寄るな、と促している。

212

傘を腕に

古典的な傘は、運ぶことや収納することをオプションと考えて作られている。携帯端末やモバイルといった製品もこれを真似るべきか。

傘をポケットに

洋服も、別のことのために両手を自由にする方法を提供している。私たちの服は、ほかに何を支えられるだろう。

背伸び

石段と支えになる手《て》摺《す》りが、
より高い有利なポイントを求めようという
アイデアのきっかけになったのか。

反応？

ある特質や特色が、
私たちに特定の方法で振る舞うようにしむける。

ブックマーク

電車を待っている間、彼女は読書を一休みしているだけで、また読もうと思えば、すぐに続きを読むことができる。中断したときに、その場所を覚えて、ここからだと示してくれる、もっと便利なシステムがあるだろうか。

Written as an act of revenge

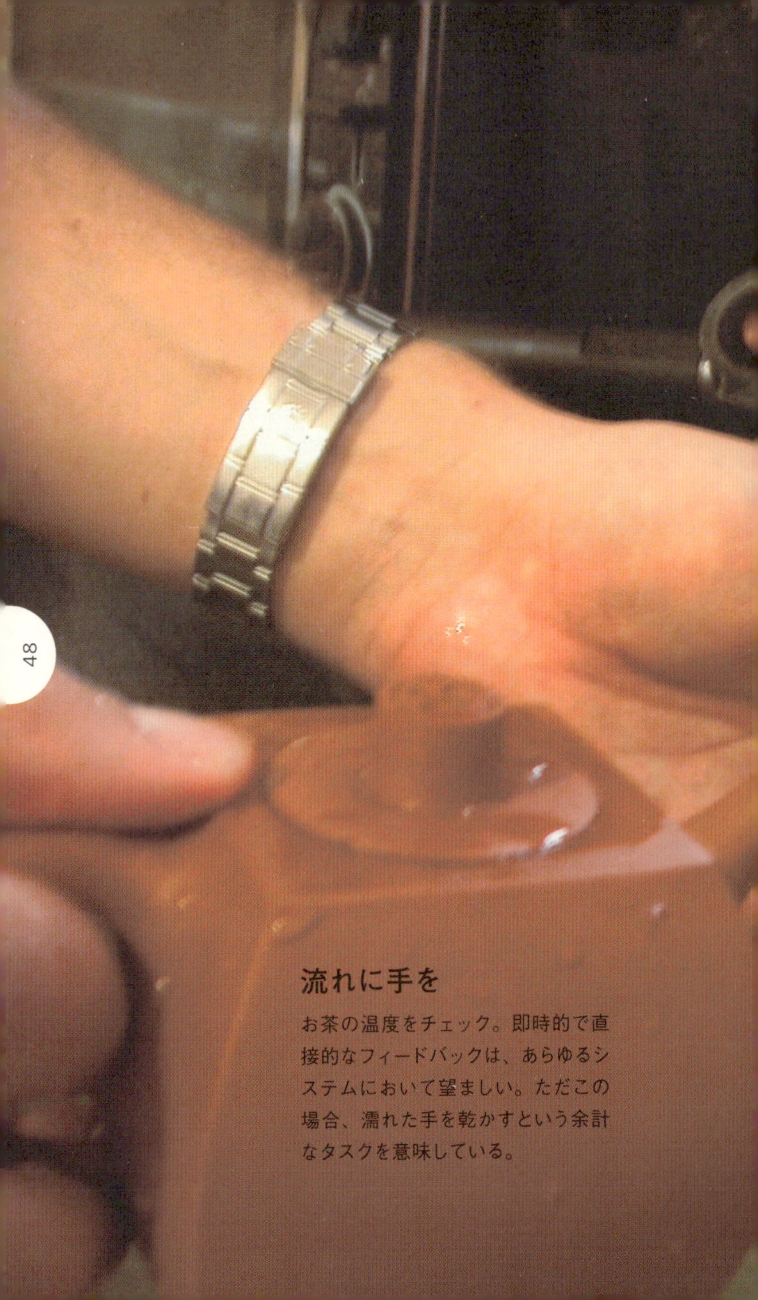

流れに手を

お茶の温度をチェック。即時的で直接的なフィードバックは、あらゆるシステムにおいて望ましい。ただこの場合、濡れた手を乾かすという余計なタスクを意味している。

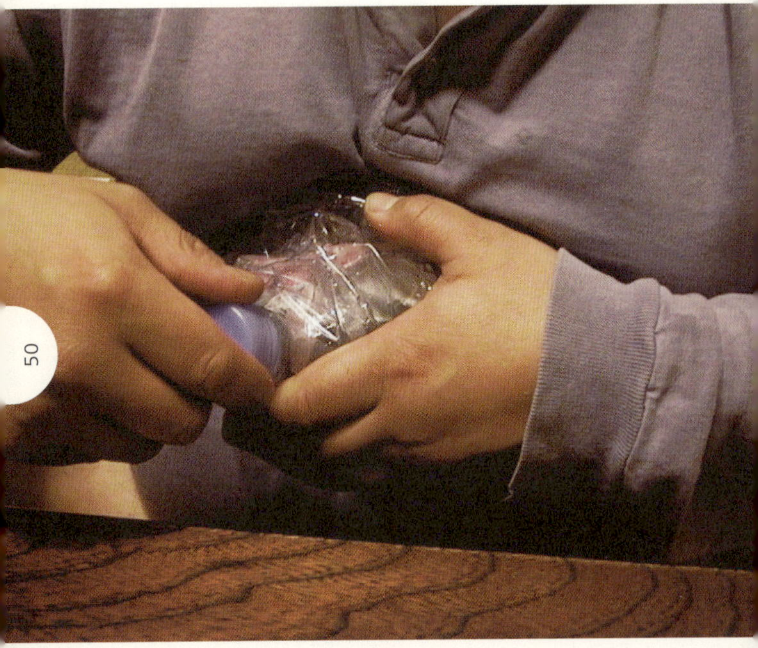

捻《ひね》り潰《つぶ》す

この作業は、リサイクルのために体積を減少させるものだが、
ある人たちにとっては習慣的なものになっている。
なにか楽しみがそこにあるのでは。

へこんだ缶

親指で凹ませれば、なんなく個人の目印を作り出せる。同じアイテムを持っている友人たちに、これは俺のだ、と主張させているのかもしれない。あるいは、ストレスのエネルギィを放出しただけかもしれないし、可鍛性の材料に対する反応で、つい手に持っているものをいじりまわしてしまう、というだけかもしれない。

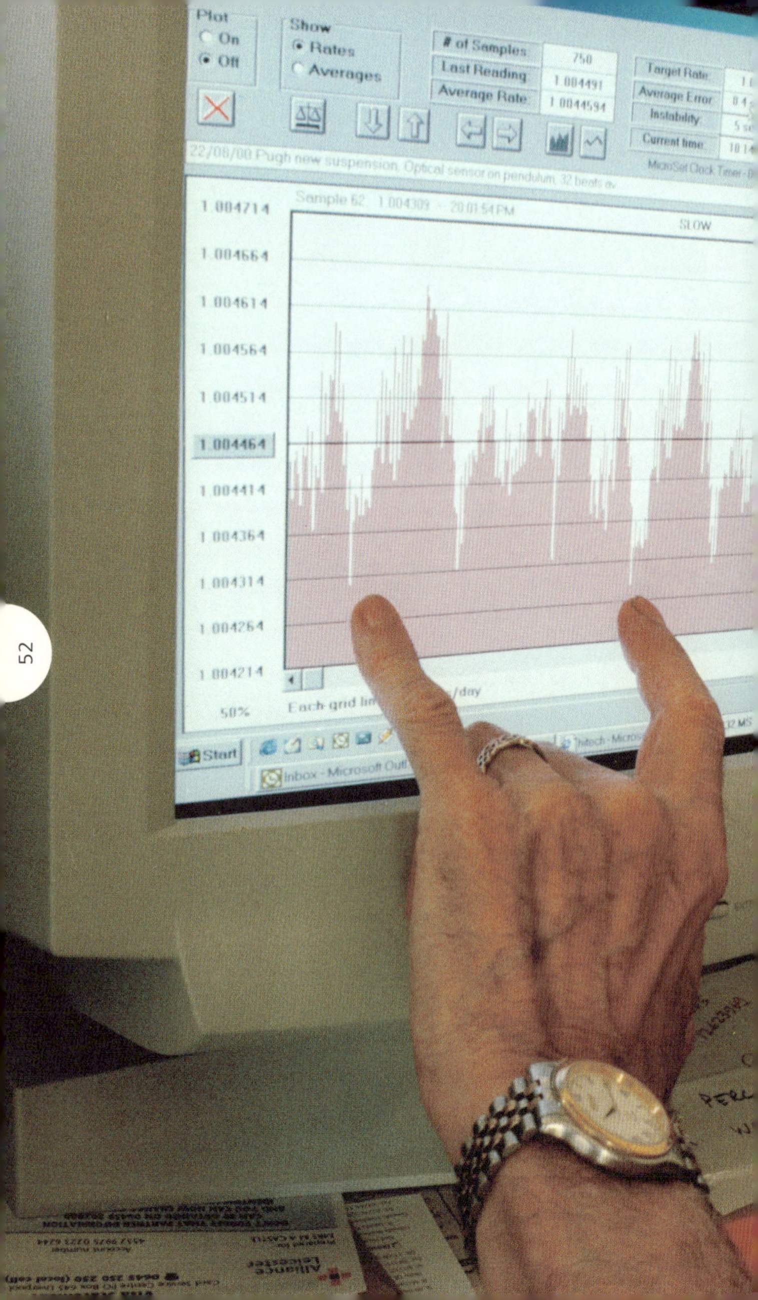
Plot
On
Off
Show
Rates
Averages
# of Samples
750
Last Reading
1.004491
Average Rate
1.0044594
Target Rate
Average Error
Instability
Current time
22/08/00 Pugh new suspension. Optical sensor on pendulum, 32 beats av
MicroSet Clock Timer
Sample 62: 1.004309 - 20:01:54 PM
SLOW
1.004714
1.004664
1.004614
1.004564
1.004514
1.004464
1.004414
1.004364
1.004314
1.004264
1.004214
50%
Start
Inbox - Microsoft Out

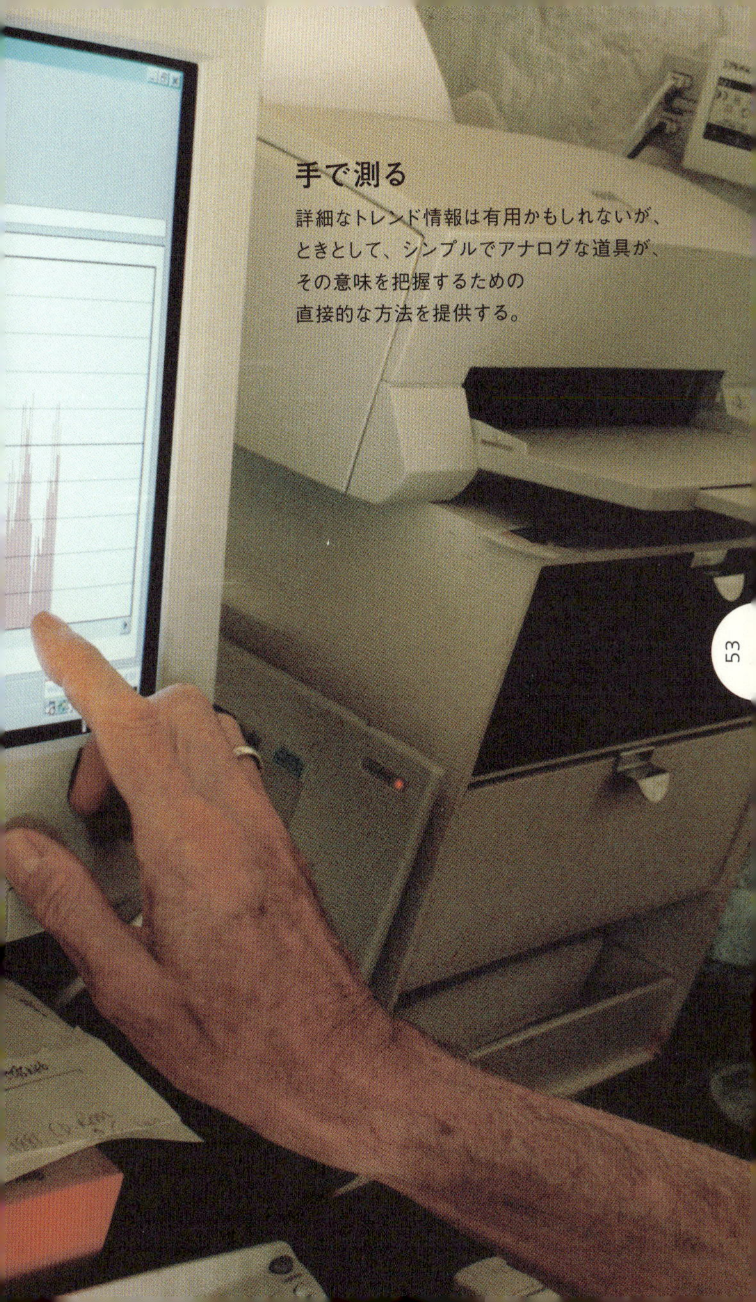

手で測る

詳細なトレンド情報は有用かもしれないが、
ときとして、シンプルでアナログな道具が、
その意味を把握するための
直接的な方法を提供する。

Between Cinema
and a Hard Place
Herzog &
de Meuron
TATE

フェンスで大の字に

単純で安定した特性が、支えられるものの柔軟性を引き出す。これは、ちょうど身を乗り出しているところ。

支柱に被《かぶ》せたコーン

フィットする形状。ここでは、
工事現場における危険への対処として、
保護することと同時に目立つようにしている。

コーンに被せたカップ

補完する形状。ものを置くことで、
これほど明らかな調和をもたらすような
場面があるだろうか。

柱脚の上のコップ

役に立っていない消極的な空間は、
物体の置き方について示唆することができる。
ゴミなのに、注意深く置かれているのだ。

支柱の上のミルク

底面形状の類似を意識した結果だろうか。それとも、空のパックはそこにあるべきだと思っただけなのか。ほかにはどんなところで、形状の一致が私たちのパターン認識能力を喚起し、望ましい挙動へと導くだろう。

フェンスのゴミ

くしゃくしゃの袋が膨らむから落ちない。ある材料の力学挙動に関するこの反応を効果的に活用する方法はあるか。

ボトルにかかったテープ

これは単に、異なるエレメントを運ぶための簡単な方法なのか、忘れないようにしたのか、あるいは、これらの道具の組合せに意味があるのか。こんな簡単に特定の物体を柔軟に結びつけることによって恩恵を受けるのは、どういったシチュエーションだろうか。通勤、ピクニック、あるいは観光？

GLASS®
POWER
GLASS CLEANER with AMMONIA
Also Powerful
ALL PURPOSE CLEANER
for Light Duty Cleaning
NET CONTENTS: 1 QT. (.946 LITERS)
KEEP OUT OF REACH OF CHILDREN

新車

単なる下手な駐車かもしれないが、もっとありそうなのは、
ドアが当たらないよう離れた場所にわざと駐めた結果。
このような非協調的な挙動は、注意を喚起し、誰も近寄るなというサインだ。

猿の鉄棒

ドア・レールは、あふれんばかりのスウィングの起点であるが、それは、仕事場で長時間座ったままのあとのストレッチとして素晴らしい方法といえる。必要な休憩のための身体活動において、さらに多用なものを職場で提供できるだろうか。

カーブにもたれかかる

無意識のストレッチとしては珍しい形状。どこかほかでも、直線形に代わる新しい形を楽しめるだろうか。

吊革

電車が空いているときには、2本の吊革が良好なバランスをもたらす。混雑しているときには、1本を見つけることさえ難しいかもしれない。インテリアは、使用の違ったレベルに対応して、どう柔軟になれるだろうか。

境界壁の上を歩く

この段差が新たな視野、新たな関係を生み出す。空間的な上昇は、社会的、身体的、そして感情的なものを高めるのだろうか。

同化？

私たちは、
身近な環境に存在する機会を活用する。

空港のオフィス

この旅行者は、待ち時間を自分のために使っている。
空港の環境やサービスのデザイン、
あるいは荷物について、考えるべきものがここにある。

電車の中でぶら下げる

デザイン要素の解釈とは、それ自体の状況だけではなく、人々がそこに持ち込んでくる状況にも依存している。
このケースでは、手摺りはドライクリーニングをかけるため、手を自由にするためにある。ほかに、車内の乗客にとって役立つ方法は？　見えないけれど役立つものは？

自転車に傘

サドルと荷台の間に差し込まれ、自転車のラインと
完璧に一致している。必要なものを合体し、
なおかつ、流線形に対する影響も最小限である。

原付の上の猫

複数の利害関係者のための１つの解答か。
籠《かご》は容量増加し、猫は陰に隠れられる安全なシートを見つける。

ベビーカーに袋

ものを一体化できることは移動にとって好都合だ。使いやすさや完備した状態を損なわず、要素を加える手法といえる。

テープの中にカップを置く

車のダッシュボードの上に、安定させる目的で、テープのロールの内側に置かれたコーヒーカップが見える。鷹の目が観察に役立つ。

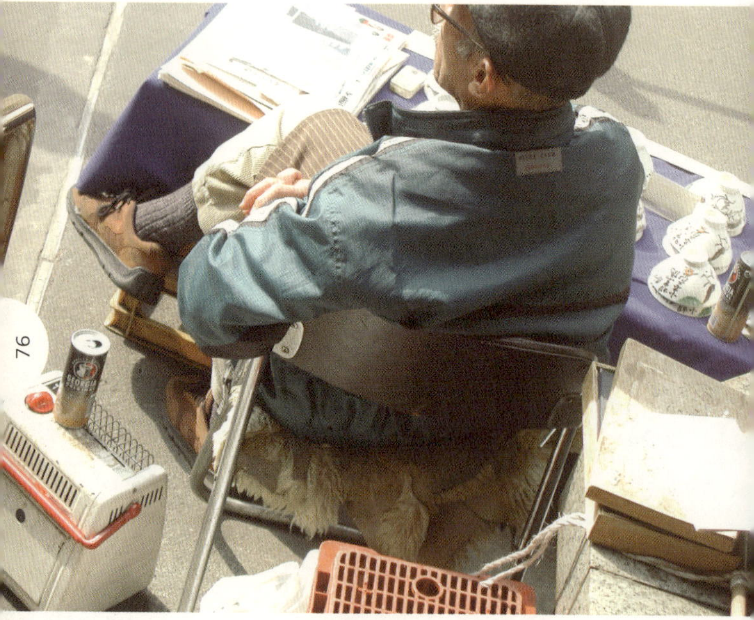

コーヒー・ヒータ

暖房機がホットプレートを兼ねている。
ほかにどんな状況で、二次的な熱や光を利用できるだろう。

熱冷まし缶

低温の伝導体接触によるリフレッシュ。
温度特性によって需要を広げるような状況や製品が、ほかにあるか。

ブラシとペンキ

これらの要素はいつも一緒に使われるが、
作業が中断したときにはきまって、
この滴り落ちる古典的な方法になる。
最適ではないけれど普遍的なシステム。
もっと良い方法を模索すべきでは。

カップに紐

ときどき、ある失敗を取り除くために
込み入った手が必要になることがある。
このディテールに対し、私たちはどう学び、
いかにデザインすることができるか。

カートに乗る

チャイルドシートに座るには彼は大きすぎる。しかし、まだ乗る楽しさを求めている。子供にとって面白く安全であり、親にとってもより便利で楽しいショッピングにできるか。

NO NO NO YES

Tシャツにメガネ

保管モードが作動中。今は必要ないけれど、たぶんもうすぐ必要になるから、手許に置かれているなにか。このモードを考慮したデザインが、ほかの製品にも価値をもたらすかもしれない。携帯電話、あるいはカメラ？

靴紐に鍵

この方法は走っている間ずっと纏《まと》いつくけれど、大変な邪魔というわけでもない。スポーツウェアやジム、あるいは鍵のデザインに対する教訓か。

缶を運ぶ

単品の場合の運搬性はデザインされているかもしれないが、私たちはそれを複数で運ぶ方法も必要とする。このプラスティックの包装具は、手で持てるように考えられたものではないのに、伸びきってしまうまでは、しばらく役目を果たすようだ。

頭を休める

空席が有用な個人空間を広げている。
公共の場のシートは、
これをもっと利用できないのか。

乾燥ラック

大根の収穫を助ける無料のソーラ・パワー。デザインから結果的に生じる副次的な恩恵を、もっと広く利用することは可能か。

モップ・ラック

濡れたモップを乾かし、次に使用できるように置いておく場所。目立たない収納に、太陽と新鮮な空気の恩恵を組み合わせたい、と思うような場所がほかにもどこかあるのでは。

活用？

私たちは、自分が知っている物理的、
機械的性質を利用する。

2台のカート

環境的特徴が、これらのカートの見事なストッパとして機能している。
いつになれば、コントロール機能が製品に組み込まれるだろう。
私たちはその機能の提供を怠り、
状況に頼ることで甘えていて良いのだろうか。

ミュージック・トンネル

身近なアンプ。沢山の活動が、
自然の反響と音響地区をもっと活用することで
恩恵を受けるだろう。

レンガにポスタ

異なる面を跨《また》ぐことで、
付着性が明らかに変化する。

壁の棒

表面の変化が行動を導いているが、
ほかの有用な方法はないのか。

ALTO DAILY NEWS
Fitzhugh: A copycat?
Evidence shows gruesome scene
Dog owners ask why cows still graze at the Dish
Ole's Car Shop
HAS MOVED!

バスルームの新聞

私たちは、自分に関連のある方法で、ものを見たり使ったりする。この手摺りは有用なものだが、単に米国障害者法に準拠しているだけではない。これこそまさしく、誰にとっても有益なユニバーサル・デザインの見本といえる。

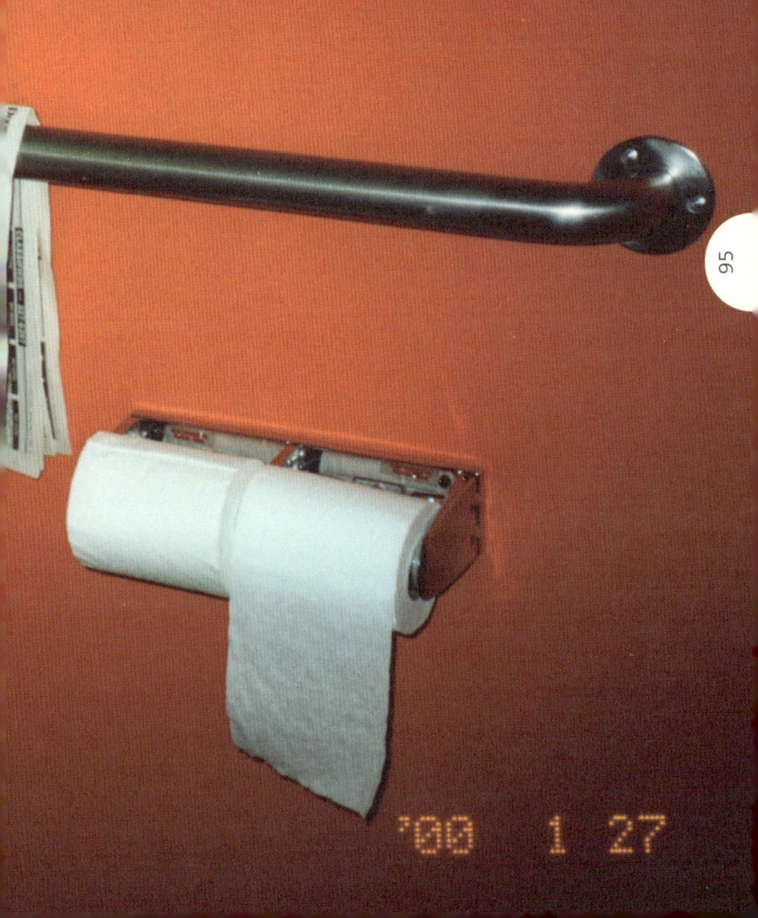

空気を求めて

ある種の環境特性や特徴が、意図しない用途に必然的に結びついてしまう。それぞれ違う用途を求めるユーザたちによって、空間はいかに有効にシェアされるだろうか。

バターのヘラ

クレープのフライパンに油を引いている。別々だった要素を
組み合わせた独創性が、完全に新しい道具を生み出すことができる。

バター・スティック

調整できる取っ手を組み込んだ、真に単純で安価な方法。

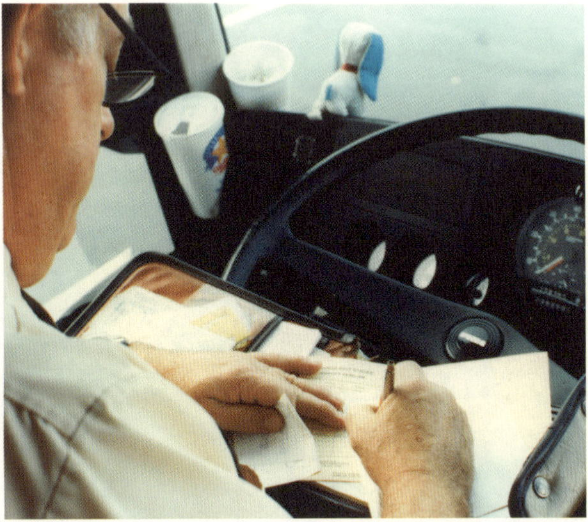

運転席のデスク

1つの機能のために最適化された空間を、
ほかの目的に使わなければならないときがある。
いくつかの要素を重ね合わせれば、
一時的にその用途と意味を変貌させることができる。

背中で書く

しばしば、表面のようなものを瞬間的に必要とすることがある。必要なときにたちまち現れ、終わったらすぐさま取り除かれるようなデザインを、どのように実現すれば良いだろうか。

暖を求めて

物理的な暖かさと愛情のこのような幸せな調和に、ほかにどんな可能性があるだろう。病院の診察、あるいは美顔術で？

容器を転がす

持つと重いが、丸い形は転がすには有利だ。
より簡単な取り扱いのためのデザインに参考になるものがあるか。

手を暖める

冷たい手は、自然に暖を求める。
熱の要求をデザインすることの意味は何か。

キャベツ畑

価値は必要によって生じる。ただのCDがきらきら輝き、カラスを追い払ってくれる。寿命の短いアイテムが継続的に価値を提供できるようになるには、どうすれば良いだろう。

ピザの皿

折れ曲がってしまうような食べものに柔軟な皿をあてがって、
この旅行者は歩きながらピザを食べるという挑戦に遭遇している。
スナックやパッケージングの教訓となるか。

サボテン

掲示板か警告システムの新しい形？

適合？

私たちは、自分の目的に合わせて
ものの用途や状況を作り替える。

鉛筆のヘアピン

日常的な道具の便利な拡張機能がここにある。実用的な道具が携帯でき、個人的あるいは装飾的な役割さえ満たすようになるのはいつ？

金槌のドアストッパ

永久的なものか、あるいは今日だけの解決策だろうか。この状態に至るまでに、どの程度の思考があったのかを憶測することは興味深い。たまたま近くにあってトリッキィに役立ったのか、それとも、特にこれの形状や材質が適していたのだろうか。

コルクのドアストッパ

前ページと同様であるが、これはワイン店のドアである。
ドアストッパを、個性や表現の新しい形に
仕立てることは可能だろうか。

木の支持

丈夫な柱が、境界表示として計画された役目を超越して、
有用なサービスに駆り出されている。環境的特徴は、
一般に機能的というよりも象徴的な意味が強いのか。

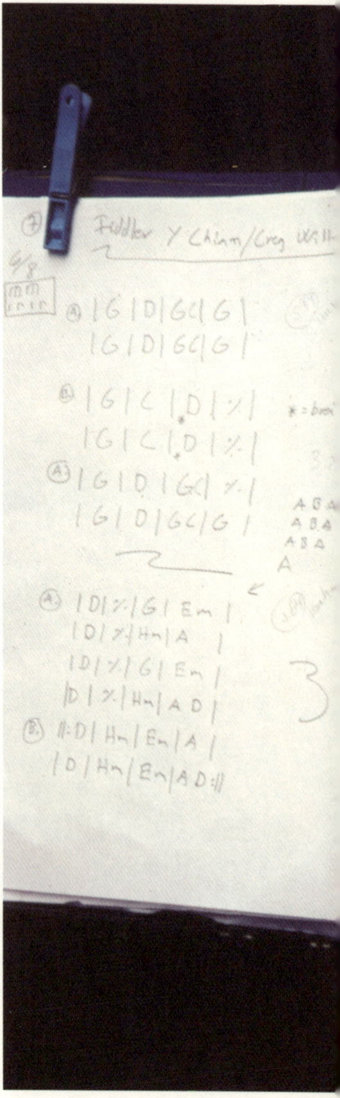

洗濯ばさみで楽譜を

きっちりと仕立てられた楽譜と、キャンプ用洗濯物干しが、風のある日における急場凌ぎの解決策を提供する。洗濯ばさみは単純で柔軟性がある役に立つ装置なのか、それともこれらは、デザインの好機を提示しているのか。

64
Creg Willy Syl
(White Boy's Dance)
Clague Coll.
Mr. E. Corteen,
Surveyor of Roads.
Fiddler y Chiarn
Clague Coll.
(Played by Clague y Fiddler at the first landing of the Duke of Athol as Lord of Mann)
Thomas Kneen
Port St. Mary.
34

前を見たまま地図を

このナビゲーション・ディスプレィは、必要なときすぐに参照できるように、運転中の視線の中にほぼある。この配置は、乗りもののディスプレィのデザインについて、なにかを私たちに教えてくれるだろうか。電子化した場合、どのように改良される可能性があるだろう。

スクータ

はるかに有用なシステムを構築するために、ときどき実に単純な追加が行われる。このスクータの持ち主は、今やコンバーチブルのオープンカーを持っているに等しい。

Stay Healthy
Home Maker
PREMIUM
100% Pure
Florida Squeezed
Orange Juice
Pasteurized
Not From Concentrate
NEVER

みかんのパック

柑橘類の果樹園ではなく、余ったカートンで葡萄の樹を補強しているだけだ。このほかにも、組織的で大規模な再利用の機会としてどんなものがあるだろう。

仕事場の天井

最良に設計された情報（ここでは、特定のトラックの下から、ブレーキ液を交換する方法に関する情報だが）は、まさに必要なところで、必要なときに提供される。

洗剤

粘性のある液体も滴《したた》り落とすことで最後の一滴まで簡単に使うことができる。すべての家庭用品は、キャップを下にして立てるべきか。

茶漉《ちゃこ》し

ここでは、ある修正が、機能的要素の有効性を拡張し、特定のシステムに適合して働くようにデザインされている。もっと広いレンジのオプションを意図したデザインが望まれているのか。はたして、それは可能か。

引出しの椅子

しばしば、快適さに妥協することで完璧な利用が成立する。それは、必要以上に長時間留まることを諦めさせるかもしれない。

紙のロート

樋《とい》の内径の幅をそのつど制御できる。
より有用な道具をデザインするための原則を具体化しているのでは。

ナッツのナプキン

フレキシブルな造形で多目的に適合できるようなものを、
意識的にデザインすることは可能か。

コンピュータのクッション、ドアの靴

家庭における対子供プロテクトの適用例。
製品と環境にも、これらを組み込む機会があるだろうか。

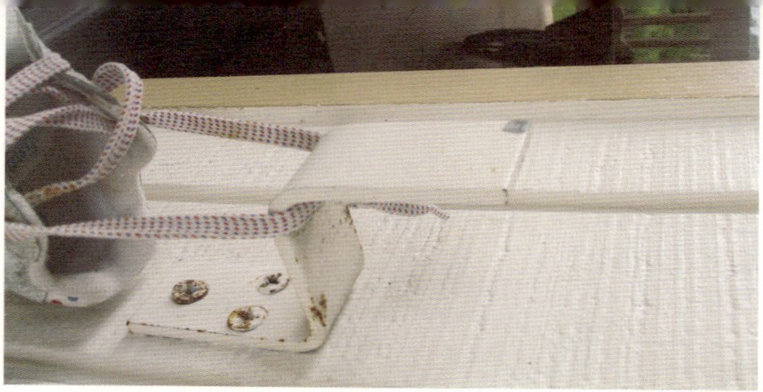

キッチンのテレビ

きっと偶然の発明だろう。
バナナがこのテレビの信号の質を
著しく改善しているのだ。
状況に相応《ふさわ》しいテクノロジィ？

SHARP

順応？

私たちは、社会や文化的集団において
他者から行動のパターンを学習する。

お茶会

信頼を共有する少女たちの感覚は大いに理解できる。
いろいろな方法で共有される日常体験を、
共通性と独自性のある物体がいかにサポートしているか。

お誕生日おめでとう

同調した行動。この集団は、
個人的な装置を社会的な道具に変化させてしまった。
その後ろには、アイスクリームのチームがいる。

待合い

人々は、支柱のところに立つ傾向がある。広くあいているスペースや、テープのところではない。これは、社会的な距離なのか、防衛的なものか、柱になにかを載せたいのか、あるいは、ほかよりもここが特別な場所だと感じられるということなのか。たぶんここに、待合い所をデザインするための教訓がある。

列をなす

無為秩序に並んでいる行列もあれば、
歩行者の流れから離れて等しい間隔で
自然に整列する行列もあるのはどうしてだろうか。

共通の視点

入試の発表を娘と一緒に見るのに、この母親は目の高さを合わせるため、ほんの少し屈んだ姿勢で立っている。
また、ロープからの距離は彼女たちの躊躇《ためら》いによるものだろうか。

歩調を合わせる

友達は同じ歩幅で歩く。
リズムが集団の感覚やその見た目に役立つのか。

個人的なベンチ

公共スペースでプライバシィを守る暗黙のルールがある。スペースがもっと混み合ったとき、どうすればプライバシィを尊重できるだろう。

ストリート・ステージ

パフォーマと講堂。私たちは、この伝統的習慣を理解している。ほかにも公共スペースが、特定の行為を刺激するような場合があるだろうか。

消えたゴミ箱

自然発生した社会秩序。おそらく、リサイクル可能な容器を溝に投げ捨てることに、いくらかの躊躇いがあったのでは？

棚に並んだカップ

屑《くず》籠《かご》は、爆弾を隠されるのを防止するために撤去された。しかし、ロンドンの地下鉄にカップや缶を持ち込まないという習慣は貫かれている。

自転車の屑篭

東京では普通の風景。自転車の籠は、伝統的な屑篭に似ているし、通行人がゴミを投げ入れるのに最適なロケーションに置かれている。ストリートの設備を効果的にデザインするヒントになるか。

スクータに傘

黒いプラスティックのシートを傘で陰にしておけば、
出発がより快適なものとなる。たぶん、
自分のスクータを見つけやすくもしている。

トライアスロンの乗換え

競争をするスポーツでは、誰でも最大限に効率化する技を磨くものである。私たちは、過激な競技から効果的なデザインを学ぶことができるだろうか。

合図?

私たちはメッセージを伝え、
自分や他者に催促する。

サックスの箱

荷造りをして、そっくりイベントを移動する機能はもちろんのこと、目的を示し、場所を仕切り、寄付をお願いして、しかも集金する、といった役目まで果たすこの単純な慣習は広く理解されている。

売り子の広告

人々に買ってもらうために必要なことは？
わかりやすいけれど、出しゃばらないように。

2012
2019
2026
2020
2028
2014
2029
2022
2015
2030

配達ミスの手紙

エラーは避けられない。このシステムに
隙間があったからどうにか救済されたけれど、
最初からエラーに対処したデザインをした方が良い。

ゴミに花

メッセージは、いつも機能的だとはかぎらない。
くすっと微笑ませるだけのものもある。

社会的な電話

個人的な表現は、自分に対しても、他者に対しても意味を持っている。このデコレーションは、持ち主に自分のものをわかりやすくしているだけでなく、持ち主の友人関係を、その友人たちに、そしてそれ以外の人にも伝えようとしている。もし、このような表現を見ることができる人を選べるとしたら、どうなる？

メータにメモを

情報は一方通行ではない。システムは、
コミュニケーションのためのバックアップの方法を
備えるべきである、特に故障が発生したときのために。

ドアに手紙を

「家を出るときに、これを忘れるな」という警告は、
自然な一連の動作と関係のある時間と場所でなされる。
この原則を反映したシステムには、ほかにどんなものがあるか。

コーヒーメーカ

このタンクは使用禁止。共有の道具やシステムは、
何が起こったのかを他者に知らせるために、
ときどき状況や経過を示すものを必要とする。

コーヒーのポット

こいつは空っぽだ。状況の表示は、
落胆を軽減することができ、
理想的な反応を促すだろう。

洗濯機

蓋が開いているものが使えることを示している。
状況のサインが遠くから見てもわかりやすく、適切な行動を
誘導するという点で、まさに最高のシステムかもしれない。

本と椅子

店主はすぐに戻ります。沢山の情報が、ここでは
品物と状態によって伝達されている。私たちは、こんなにさりげなく
役に立つメッセージを意図的にデザインできるだろうか。

工事柵の扉

アクセスが二重にブロックされていることは明らかだ。
単に閉まっているというレベルではない。今日はまだ
開いてさえいない、ということを示している。

電源タップのペンギン

複雑な新システムとの相互作用が、気さくで、
親しみやすく、そして楽しくさえしている。

PC
SCANNER
Monitor

樹に袋

ゴミを捨てて下さい。物体自体が、
適切な行動を支援している。

メータに袋

いちいち試してみるまえに、すべての設備の状態を知ることができるのは有益である。目立たない「故障中」の表示でも役目をよく果たすが、ドライバや検針係にとっては、情報が遠くからわかる袋を被せるこの習慣の方が優れている。

10-22

なくしたものが見つかるように

媒体と状況の両者がメッセージを発信している。ここでは、人目につきやすいロケーションと予期しないおかしな状況が、意味ありげな情報を伝える。同じ布が公園のベンチにあったら見過ごされたかもしれないし、そうでなくても、違う意味にとられるだろう。

著者あとがき　ジェーン・フルトン・スーリ

考えなしの行動の組み立て

本書を書けるのではと閃いたのは、ずいぶん昔、70年代のスコットランド、グラスゴー市街地のすぐ北の荒涼とした都市造園の中を歩いているときだった。レッド・ロード団地として知られ、無考慮な計画で悪名高い高層アパート群である。私は、そこで生活している家族にインタビューをして回っていたのだ。

立ち去ろうとしたとき、私はこの少年の白黒スナップをポラロイドカメラで撮影した。彼とその友人たちは、建物のボイラ室のドアの上に交代で乗り、ほかの者はそのドアを開けたり閉めたり、いろいろな力加減で押したりしていた。ほとんどドアの蝶番を壊すほどの勢いだったから、正式にいえば公共物破壊行為といえる。しかし、私はそれ以外に、もっと面白いなにかを見たと感じたのである。そう、ぼんやりとはしているけれど、実践的なデザインに強烈に関わりがあるなにかを。

この写真を見ながら私は考えた。デザイナたちは、このようなイメージからどんな影響を受けるだろう。日常行動のリアリティ、あるいは使用のされ方に関する設計、それらの視覚的証拠。このようなものを参照することで、人々の体験や需要に対してデザイナがもっと敏感になれるのではないか。この写真の少年たちは、近くにあるものの中で唯一ダイナミックで騒音を発する要素を見つけたから、一緒になって遊んでいたのだ。集合住宅の設計段階で、この10歳の少年たちのニーズを誰が考え

ただろう。そして、世界中のどの文化であれ、10歳の少年たちの挙動を一度でも見たことがあるなら、動かして物理的な限界に挑戦できる好機に彼らがどれほど惹きつけられるのかを気づかないはずはない。

意図されない方法で使われるもの（この例ではボイラ室のドアがそうだ）は、いつも人々のニーズに関するなにかを示している。そして、そのニーズは、ときにはデザインの好機といっても良い。ここにあるのは、安全でかつ騒ぐことのできる方法を、彼ら住人たちに提供する必要および機会の明らかな実証なのだ。

これは、必要性を訴えた非常に劇的な表現というだけではなく、少年たちの体験に関する発見でもある。彼らはドアで遊びながら、レバーや軸受け、あるいは金属と木材の弾力性について、その効果を直接感じ取っただろう。彼らは、身体的な相互作用を通して材料の挙動を学び、将来遭遇するものに対する解釈のガイドとなるような力学の親密なレッスンを受けていたのである。

日々の生活の中で、私たちはいつも自分の周囲にある物質について解釈をする。それはどのように役に立つか、それを使うと何ができるのか、と。さまざまな材料、形、質感に対する可能性と知覚的品質について、私たちは鋭敏な認識を育てる。この認識こそが、私たちの行動に、たとえ無意識であっても、はっきりと現れるのだ。そう、これが「考えなしの行動」である。これらの直観的解釈を受け入れることが、デザイナの見識の重要なソースとなるにちがいない。

好奇心の喚起

その１枚のポラロイド写真が、毎日の相互作用を観察して記録を取ることで、デザインに活かせる、というアイデアのスタートになった。創造的で思考力のある仲間たちとの何年にもわたる共同作業が、このアイデアをさらに発展させ、現在では、IDEOの人間中心デザインのプロセスにおいても標準的な実習方法になっている。私たちのプロジェクトは、関与するものが製品であっても、空間であっても、あるいはサービスであっても、それが自然な状態にあるときの挙動を観察することが出発点となる。チームはクライアントとともに、実際に観察を行う。観察することによって、デザインの対象となる人々の状況、習慣、しきたり、優先順位、処理過程、そして価値観などについて直接学ぶことができるからだ。

私たちは、実験段階として、このアプローチを共用するために、なんでもない写真のコレクションを寄せ集めた。自分自身とその日常環境を見ること、その新しい焦点による観察へ、これらの写真群は誘ってくれる。好奇心を研ぎ澄まして観察すれば、ごく平凡な出来事がデザインの好機と結果についていかに閃きの発想をもたらすのか、ということがしだいに明らかになるだろう。私たちは、現実世界で出来事に遭遇するのと同じように、これらの写真を見て体験することを願っている。現実世界には、写真にあるような説明はない。少なくとも、169ページまではキャプションをなくし、ただ状況を見るだけの機会があるはずだ(訳者注:日本語版では、写真のページにキャプションをつけたが、原本では写真の解説はすべて巻末にまとめられている)。

断定的な説明は避けた。それぞれの写真が好奇心を喚起し、状況に対する観察者自身の解釈と推測を促したいからだ。そこではどんな性質が認識され、活用されているだろうか。実際の行動が、いかに無意識のうちになされているか。何が人間に動機づけをし、必要だと思わせるのか。そして、これらに対してデザインはどのように応えられるだろう?

一例を挙げれば、146ページの写真は、通りに駐車されたスクータに、開いた傘がのせられている状況だが、これは無数の機能的チャンスやシナリオを提案してくれるかもしれない。たとえば、日除けつきの街頭設備、熱吸収を抑えた材料で仕上げられた車両のシート、あるいは、シートに当たる部分を断熱した服装などである。さらに、自己表現、個性、そして車の所有者や乗り手のステータスを表現する機会、といった付加価値を生む可能性まで、この写真は示唆している。

私たちは、これらの写真を見る人たちに、自分自身の認識を豊かにするよう、現実の世界に対してもこれと同じ観察眼を向けることを願っている。たとえば、コーヒーでいっぱいの紙コップを持ち上げるとき、どこを摑もうかと一瞬悩むシーン、知らない建物に入るとき、少しだけ立ち止まるシーン、といった実にありふれたものでさえ、興味深く捉えることによって絶大な報酬が得られるのだ。重要なことは、いろいろなシチュエーションで人々が実際にどのように行動するのかを注意深く見ることであり、また、見たものを説明するために、こう自問することである。誰かがこの物体をここに置いたのはどうしてなのか？この人たちは何をし、何故このようなグループを形成したのか？　この場所をみんなが避けようとしている理由は何だろう？　好奇心は、いつも私たちの周囲に存在するこのような平凡な相互作用の裏に隠れている意味を説き明かしてくれるだろう。

発想し、知らせるデザイン

これらの日常的な相互作用を確かめながら、私たちは、環境との関わり、適応、そしてその理解について多くのことを発見する。デザインがどれほど私たちの生活に作用し、私たちは自分たちの環境をいかに積極的に形成するか、他方、その環境によっていかに私たちは形成されるのか、といったことを直接見ることになるのだ。このような相互作用の観察によって、私たちは、新しいデザインの機会を発想し、価値ある方法でより素晴らしい解決へと導かれるだろう。

必要性と解決する価値のある問題に注目

既に示したように、人々の日常における相互作用を観察することで、デザインチームは、人々が与えられた状況の中で何を必要としているのかを発見し、ここにデザインの好機を見つけ出す、というアイデアが第一にある。ものを再認識し対応する、または、なにか欠けているものや不充分なデザインを修正するような解決策を編み出すときに、人々が発揮する想像力を私たちは随所に発見する。自分の希望を達成するために人々が行う類のデザインに、デザインチームは常に発想を発掘し続けることができる。まったく単純に、この種の観察はデザインを発想する直接的なソースになりえるのだ。ただし、観察したものをあまりに文字どおり解釈することは間違いである。世の中は、私たちが目にするあらゆる創造的適応に対して、いつもユニークなデザインによる解決を必要としているわけではない（その種のものは、機内カタログで広告されれば良い方だろう）。むしろ、私たちはもっと普遍的な必要性を示すパターンに注目すべきである。深く充分に探すと、一見気まぐれなもの、意外なもの、そして風変わりなものでも、洞察力に満ちた理由を持っている場合が多い。

一つ良い例がある。私たちは、電話会議を行うためにユニークな方法を開発した旅行業者を観察した。彼女は、参加者に一対一で繋がる沢山の電話を自分の机の上に集めていた。そして、それぞれの電話で個々に電話をかけ、電話をスピーカに切り換えて最終的には全員が話し合えるようにするのだ。必要な場合には、みんなの電話を消音にしたり、あるいはまた音を出したりするし、さらに、受話器を取れば、彼女は特定の通話者だけと内密な話もできる。グループ内の2人だけに話し合わせたいと思えば、その受話器2つを、耳と口に当てるところを互い違いに合わせれば良い。非常に特異なことに、彼女のこの場当たり的な解決策は、通話者間の接続状況を視覚的に把握することを可

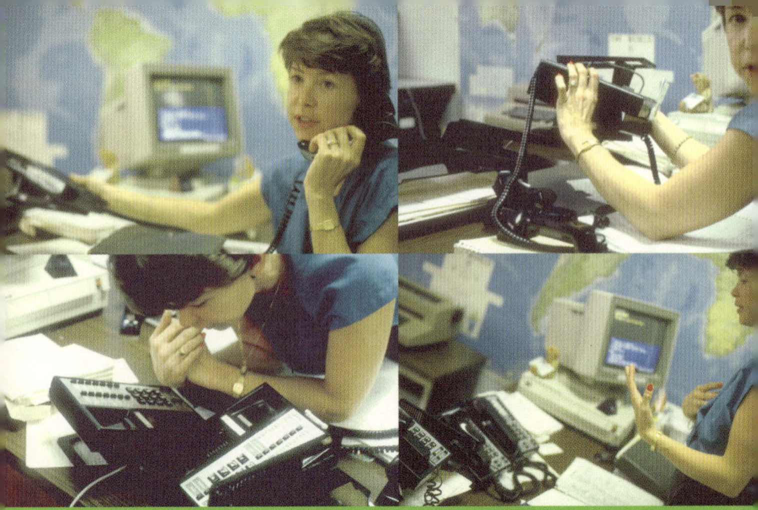

必要性に注意：難しい電話会議を処理しているところ

peter spreenberg

能にしているが、これこそ現行のシステムが不得意としているところだ。この観察によって、私たちは普遍的な問題を際立たせ、参加者の接続状態をわかりやすく表示する会議システムをデザインすべきだと閃いたのである。

行動に焦点を合わせ、既存のパラダイムからの解放

人々の行動を観察することは、既往の方法が押しつける限界を打破し、人々の活動と経験をさらに支援する改革をデザインチームにもたらす。観察することによって、私たちは、最終的な製品に注目するのではなく、デザインを通して支援しようとしている行動そのものに焦点を合わせざるをえなくなる。IDEOの共同創立者であるビル・モグリッジは、「名詞ではなく動詞」をデザインするのだと述べているが、これも、物体ではなく、挙動こそが注目すべき対象だということを意味している。デザインへのこのアプローチは、人間の活動を基本としているが、人々が実際に何をしたがっているのか、

photo: hidetoyo sasaki

行動に注目：朝食支援のコンセプト（松下電器のために）

何が面白いのか、ということを敏感にキャッチする能力が要求される。この方法でデザインの問題を再定義すれば、今までにないより良いアイデアに巡り会うことができるだろう。

あるとき、デザインチームは朝食のコンセプトを開発した。家電メーカの松下の依頼で、朝食を作って食べる習慣と経験をサポートすることが目的だった。焦点となったのは、食べるまえに「パンをトーストし」、その「トーストを並べる」こと、そして「オレンジでジュースを作り」、その「ジュースを飲む」ことだった。「ジューサ」や「トースタ」自体ではなく、これらの行動について考えた結果、新しいアイデアが生まれた。パンを立てておくことができるトースタの蓋、そしてグラスに直接入るジューサである。

直観的なものを見つけ、最適の目印をデザイン

直観的に認識でき、理解しやすい形をデザインしようとするとき、材料の要素や特性を選ぶのにも、観察することが

手助けとなる。私たちは、製品、空間、サービスに、その目的をわかりやすく、つまり、どうすれば効果的に使いこなせるのか語ってもらいたいのだ。デザインチームは、いつも人々が理解できるような目印を提供することを心がけている。そうすれば、人々は、「このレバーを摑んで押せ、ということだな」とか、「ここに立って電車を待てば良いのか」とか、「ここからプリントアウトが出てくるのだろう」などと直観的に認識できるだろう。このためには、特定の使用方法を示唆するような造形、形、空間、材料あるいは色を理解していることが重要になる。

心理学者のジェームズ・J・ギブソンは、自著 The Ecological Approach to Visual Perception（『生態学的視覚論』サイエンス社）の中で、affordance《アフォーダンス》という言葉を使った。私たちは、行動の可能性という観点で環境を捉えようとする、言い換えれば、どんな物体や空間が「供給している」のかを知っている、というのが彼の理論であり、それを説明する言葉が「アフォーダンス」である。この感覚によって、私たちは、座って良いのか、休憩して良いのか、投げたり入れたりできるのか、を判断するのだ。

このコンセプトを適用して、ドン・ノーマンは、The Design of Everyday Things（『誰のためのデザイン？』新曜社）の中で、物体や環境の造形に対して、私たちがいかに「既認識のアフォーダンス」によって直観的に反応するか、を論じている。通常ならば、人々の直観的な反応が「正しく」かつ有用であると確認することが最終目標である。だがしばしば、造形が間違った誘導をしてしまうことがある。「押す」ドアを引っ張ろうとしたり、「引き開ける」キャップを回そうとしたり、そういった苛立たしい経験を誰もが持っているだろう。これは、先入観と目印が、誤解を生んだか、あるいは不鮮明な場合に起こるのである。

観察することで、人々が特定の配置や要素にどう反応するのか、といった認識力が養われる。つまり、私たちは、人々

適切な目印：サンフランシスコ近代美術館で通路を探る

が既に直観的に行動していることを知るのだ。そして、それによって、私たちがデザインしたものを人々がどう受け止め、どう解釈するのか、という予測がしやすくなるし、そうなってはじめて、私たちは、意図したある種の反応をより上手に引き出すことができるようになる。

サンフランシスコ近代美術館から、私たちはこんな依頼を受けた。来館者が、スタッフに幾度も尋ねなくても、建物の入口やチケット売り場をもっと簡単に見つけられるようにしてほしい、と。私たちは、来館者が建物に近づき、入っていくところを観察することから始めた。非常に沢山の人たちがドアに近づき、手を丸くかざして中を覗き込んだ。奥へ引っ込んだところにある入口は、光を反射しやすいガラスのため外から中が見えにくかったからだ。来館者は、ここで良いのか、あるいは、今日は開館日なのかさえわからない。中に入ってみれば、今度はまったく区別がつかない２つのカウンタがある。一方は会員用、他方は非会員用であるが、とにかく、どちらかを選ばなくてはならないのだ。私たちは、入口には明るいインフォメーション表示を設置した。また、チケット売り場は、通りからもはっきりと見えるようにして、近づいた人の注意を引くようにデザインし直した。

文化的なパターンと意味への転換

観察することによって、社会文化的な習慣と特定のデザイン属性からもたらされる意味に対しても、私たちはさらに敏感になる。ここまでに説明してきた直観的反応は、基本的には物理的属性に連動した反応といえるが、それ以外にも沢山の反応や習慣が、社会的あるいは文化的学習に依存している。たとえば、カフェオレ・ボウルは、シリアルやビーフシチューを入れるのに完璧な物理的形状をしているのに、その形はチョコレートとコーヒーを飲むものだと即座にイメージするフランス文化圏の人たちからは、そんな使い方はきっと笑われてしまうだろう。文化的パターンと学んだ意味を認識していれば、私たちは間違いをおかすことなく、親密な相互作用を構築することができる。

深澤直人の「WITHOUT THOUGHT（考えずに）」という一連のワークショップにおいて、学習したのに意識されないこの種の知識に関する検討が、概念設計研究のために行われてきた。彼は、これを「active memory（活性記憶）」と呼び、周囲に関する私たちの知識が、どれほど周囲との関わりを通して形成されるかを強調している。

Heartstream社のためにデザインした除細動器の外形は、閉じた本の非対称な物理形状に意図的に似せてある。左が本の背で、ここに蓄電器が格納されている。インフォメーション・パネルは右になる。西洋人は本を手に持ち、左から右へ、上から下へ読む習慣があるので、これに基づいて作られたものだ。こうすることで、この装置を安全に持ち運び、すぐに使えるように置く方法などが、一目でわかるようになった。緊急時の貴重な時間を節約したわけである。

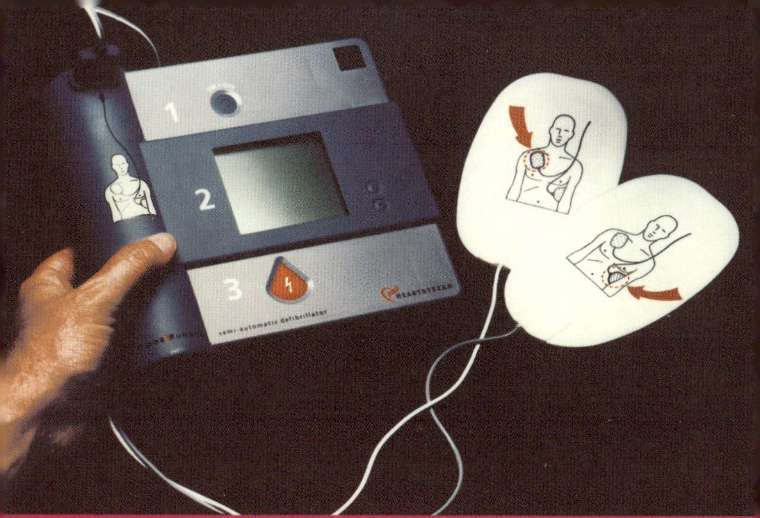

文化的パターン：馴染みのない装置に親しみのある作用を求める（Heartstream社のために）

感情的な経験の発掘

自然の行動を観察することで、デザインチームは、人々の主観的な感情体験を感知し、それに反応できるようになる。観察すれば何が起こっているのかはわかる。しかし、何故そうなったのかを理解するためには、解釈と推測が必要だ。もちろん、質問できる誰かがいる場合は良いけれど、そうでなければ、私たちにわかるのは行動と証拠だけであって、それが意味するものを確実に教えてくれる人はいない。解釈と推測によって、私たちは必然的に純粋な客観を超えて、共感につながる主観のレベルにまで一歩踏み出す。たとえば、冷たいソーダの缶を額に当てていた少女（77ページ）がどう感じていたか。一緒に紅茶を飲んでいた少女たち（134ページ）が感じていた連帯感がどんなものだったのか。それらに対して、私たちは共感する。良いデザインとは、単に機能だけではない。私たちは、それを自分たちの感覚と結びつけ、積極的な感情を励起したいのだ。場所や物に対する感情的な関連を説明してくれ、と人々に頼みたくなる。しかし、これらの多くは無意識になされるものであり、行動を直接観察する方がときにはより良い情報を引き出すことができる。行動は言葉よりも実に明確に物語るものである。

ベビィ用品メーカであるEvenflo社から、新しいベビィカーの設計を依頼されたとき、デザインチームは、赤子や幼児を連れている親を沢山観察した。幾つかの発見は、純粋な機能的改善に結びついた。たとえば、操縦性向上のために車輪を大きくしたり、買い物や家族の持ち物のためのスペースを大きくしたり、といったことである。しかし、私たちが注目したものはそれ以外にもあった。多くの親や保護者たちは、彼らの子供に触れ合うために屈んでいたのだ。そう

LARRY CHENG, JESSE FOURT, FRANK FRIEDMAN, ANNETTA PAPADOPOLOUS, BRYAN WALKER, AND TIM WOOD

感情的体験：ベビィカーの高さを通してコミュニケーションを促す（Evenflo社のために）

して彼らは、通り道で遭遇した人間や物の名前を教えたり反応したりすることで社会的な技術の実習をしていた。子供たちが低い位置にいるために、多くの相互作用が不完全になっていた。親から話を聞いたわけではなく、観察によってわかったことだ。もっと効果的に学んだり触れ合ったりできる理想的なベビィカーが、ここから発想された。キィとなる改造点は、シートを高くして子供と接触しやすくすることだったが、これは、親と子の行動を観察して彼らの感情体験を認識することで実現したのである。

デザイン過程を知るために暗黙の知識を利用

観察をすると、人々は皆、物を配置し適応させることに積極的であることがわかってくる。誰もが、自分の周囲を効率的で便利にすることにかけてはデザインのエキスパートなのだ。たとえば本書では、空港のラウンジにおける臨時のオフィス（70ページ）や、整備士の天井に張り付けた指示（124ページ）、鉄板に油を引くハンディな道具と化したバターに突き刺さったヘラ（98ページ）、コーヒーがないことを仕事仲間に知らせるカップ（158-159ページ）などがそれを証明している。私たちそれぞれが、自分の個人的目的、あるいは社会的目的を達成するための創造的手法に必要な独自の知識を持っているのだ。この直観的な専門知識が、デザインの非常に重要なソースとなる。何故なら、それはしばしば何年もの体験を通じて築かれ、磨き上げられたノウハウだからだ。ただ、ときとしてそれは深く埋もれていて、その知識を持っている本人でさえ気づきにくいものなのである。

私たちはプロのデザイナであり、このような潜在的な知識を持っている人々をただ観察するだけではなく、その人たちと協力をして、私たちの作品によって彼らにインパクトを与えるような機会に恵まれている。近年、IDEOでは、クライアントやエンドユーザに、自分自身と他者の日常行動について観察し、説明し、そして質問する、という作業に参加してもらう方法を試している。彼らに、自分たちの習慣、次善策、暗黙のルール、暗号的な信号システムに気づかせ、記録させることにより、私たちは改善の機会を発見するための協力ができる。そして私たちもまた、生活の中の現実をさらに鋭く捉え、新しいアイデアや試作品を評価・改善することができるのである。

ミズーリ州のセントルイスにあるDe Paul健康センタにおいて、患者の待遇を改善するため、私たちは医師、看護師、搬送者、助手、その他のスタッフなどの内部チームとともに作業を行った。彼らは、自分たち自身や、彼らの患者の行動と体験を観察し、記録した。その内容を私たちに話し、アイデアを出し、すぐに試作品を作り上げた。その試作品は、身近にある材料で作られ、

無意識の知識を活用：病院体験のデザインに携わった医療ワーカたち（De Paulセンタのために）

すぐに試され、そしてその場で改良された。特定のユニットで働くスタッフ間の改革を民主的な形で推進するため、これらの手法は、現在ではこの病院の全体システムの中で進行中のプログラムの一環として実施されている。

もっと柔軟で耐久性のある解決を発想

最後にもう一点、日常の相互作用を観察することで、より柔軟で耐久性のある解決に至るよう、チームは認識し発想することができる。私たちは、直観的デザインを通して示される工夫と材料の生来の秩序に気づくことになるだろう。コーヒー加熱器を兼ねる室内ヒータ（76ページ）、音響要素としての利用されたトンネルの通路（90-91ページ）、あるいは、飲み終わった容器をみんなが置いていく棚（144ページ）など、本書で数多く例が示されたのは、材料や製品が柔軟な手法で利用され、拡張され、再利用されていることである。これらのその場限りの解決には、ある種の上品さと生真面目さが含まれている。人類は、想像力と、創作し利用する能力によって進化をしてきた。この能力は、物資がない時代だけでなく、豊かな時代においても非常に重要である。私たちの器用さは、どんな時代であっても、周囲にある資源から素晴らしいものを生み出すからだ。

今日では、短期消費、使い捨て、限定目的、限定使用の大量のアイテムをデザインし、生産し、購入しなければならない。だが、このことに多くの人たちが幻滅を感じ、関係するすべての人にとってもっと息の長い価値を生み出すような解決策を見つけることに関心が集まっている。適材適所の対応や創意工夫の再利用といった発想の基になる素晴らしい実例は沢山ある。私たちは皆、毎日の生活で直面するものから、役に立ち、楽しめる状況を作り出しているのだ。そんな安らぎと楽しみを生み出すハートをしっかりと持ちたいものである。

外界に向けて

実生活からインスピレーションを探すのは驚くほど明白なアイデアではあるけれど、私たちは、伝統的な領域や現行のプロセスを伴うプロの役割といったものについ縛られて、それを簡単に見過ごしてしまうのである。オフィスを離れ、しばらくの間、世間に出ていくこと、そこで何が起こっているのかを直接観察すること、そんな簡単なことでさえ、習慣的な仕事の手順から離れようとすると大きな慣性抵抗が働くものだ。するべきことをすぐには思いつけないだろうし、初めはきっと、ちゃんとした仕事をしているようには感じられないかもしれない。

しかし、問題解決と変革を自らの課題と捉えている者は、毎日の出来事に対する観察を是が非でも実践しなければならない。実社会における行動の様相を直接目撃し体験することは、関連するアイデアを自然に閃かせ、知らせてくれる確実な道なのである。

改革と創造性に関するIDEOのワークショップの礎となる活動は、まさにこの種の観察活動である。私たちはチームを組み、カメラとノートを持ってフィールドへ出かけていく。そこで、範囲は限られるけれど、非常に日常的なものに対する人々の行動を観察する。そして、帰ってから話し合い、自分たちが見たものを解釈する。こういった作業から始めるのである。洗濯物を分けたり、コーヒーを買ったり、というような本当になんでもない日常のなにかをしている人々を注意深く観察することから浮かび上がる洞察によって、これまで知られていなかったあらゆる種類の機会を発見するだろう。

最近、私たちは、電子ゲーム会社のデザイナと幹部を引き連れて、子供たちが各種の競技をしているところを見にいった。私はチームとともに、学校対抗のレスリングの試合を観戦した。そこでいろいろなことがわかったが、中でも、父親たちが息子に大声でアドバイスし、ベンチにいながら興奮してホールドや動作をやってみせていることに気づいた。

私たちそれぞれが見つけた内容について情報交換し、競技的なゲームに関して、新しい視点を開発したのだ。試合の見物人がプレーヤと連携し、その場の雰囲気を盛り上げるのに積極的に関与できることを私のチームは直観的に理解した。今思えば、あれは劇的な認識というよりは、実社会の観察によって、そこに視線が向けられた結果である。受動的でなく、この能動的な観客の役割というものは、それまでは盲点だった。そこに目を向けたことで、インタラクティブ・ゲームにおける数多くの新しい可能性を閃いたのだ。

観察をしてみようと一度決心すれば、まったく難しいことではない。ただ、体系的に、そして注意深く観察するには、訓練が必要である。私たちは、あまりに効率良く世間を動き慣れているから、多くの時間を自動航行に任せている。事実、「thoughtless acts（無意識行動）」というフレーズは、私たちが日常でほとんど意識的な思考をしないで行動している、という困った状況を浮かび上がらせる。したがって、焦点を合わせる特別な努力をしないかぎり、列を作るときどこに立つのか、郵便をどこに入れれば良いのか、窓の反射から情報をどう利用するのか、といった方法に気づかない。普通、私たちがこれらを意識するのは、いつもの流れが中断され、自分たちの行動と前提について考えるはめになったときだけだ。たとえば、海外のどこかで郵便ポストとゴミ箱を間違えたり、あるいは、新しい仕事仲間からコーヒーメーカの使い方を説明してくれと頼まれたときくらいである。そこではじめて、私たちは、日々の相互作用の中に自分たちが探しているシグナルに気づき、さらに分析するようになる。だから、常に見て気づくという訓練をするうち、私たちが当然のことだと思っているものに対して、しだいに気を配ることになるだろう。それはまるで、知らない場所を訪問し、馴染みのない人々、慣例、風習、物などを見るときのような、無邪気な好奇心による視点から疑問を投げかけることを意味している。何故そこで？　何だあれは？　どうすれば、それがわかるだろう？

このコレクションで描写された実例が、ありふれたイベントを際立たせ、それらに対してさらに注目し、対応することを促すような枠組みとなることを願っている。外の世界は、愉快でびっくりするような方法でものごとを直観的に処理する人々の実例で満ちあふれているのだ。

あなたが見たことを、私たちに教えて下さい。連絡はこちらへ。
thoughtlessacts@ideo.com
ジェーン・フルトン・スーリ

深澤直人より、著者ジェーンへ

ジェーンの席は私の斜め後ろにありました。仕事に関係あろうとなかろうと、いつも私たちの興味はモノと人の関わりのようなことで、よく話をしていました。サンフランシスコにあるID TWOのオフィスでのことです。ID TWOは後にIDEOになりました。デザインや製品開発に携わるヒューマン・ファクターの専門家というのはそれまでに存在せず、たぶんジェーンはその草分け的存在だったと思います。

誰もがオブザベーションをやれば気付きを得られるものではありません。自然な行為の流れを妨げないようなモノを作りだすことがジェーンにとってとても重要な役割であり、この本は彼女のその意思と気付きを多くの人々に伝えるためのものであるのです。

意識的でないとき人は美しい。

これはアートでもあり、一つの美のかたちでもあるのです。

深澤直人（ふかさわ・なおと）プロダクトデザイナ、武蔵野美術大学教授。1956年山梨生。多摩美術大学卒業後、セイコーエプソンに所属。89年、米国でID TWO（現IDEO）に所属、帰国後の96年、IDEO東京支社設立。2003年、Naoto Fukasawa Design設立。ワークショップ「WITHOUT THOUGHT（考えずに）」を開始。国内外のデザイン賞受賞多数。代表作に「MUJI」CDプレーヤー、「±0」加湿器、「auKDDI」INFOBAR、著書に『デザインの輪郭』（TOTO出版）、『NAOTO FUKASAWA』(PHAIDON)、『デザインの生態学』（共著、東京書籍）等がある

謝　辞

この本を作る際に協力を得たすべての方々に深く感謝します。アイデアを発展させ、支援をしてくれたIDEOの仲間たちにも。この本（原書）をデザインしてくれたデビッド・アルバートソンにも。この本を実現してくれたホイットニー・モーティマー、キャロライン・ハーター、そしてアラン・ラップにも。
さらに、IDEOは、画像や解釈を提供いただいた以下の方々に特別な感謝の意を表します。
デビッド・アルバートソン、マーティン・ボントフト、クリス・コワート、リサ・ドゥトラ、ジェーン・フルトン・スーリ、デビッド・ギルモア、ロッシ・ギヴェチ、ピーター・コフラン、マーク・ジョーンズ、パトリス・マーティン、ビル・モグリッジ、ホイットニー・モーティマー、エスティーヴ・パネティアー、ジェーン・ラーガン、フラン・サマリオニス、エリック・サパースタイン、チホ・ササキ、エイミー・シュワルツ、アルタイ・センディル、ニーナ・サピエロ、ジャン・セイバース、モーラ・シェイ、クリスチャン・シムサリアン、アーロン・スクラー、ジェームス・スパーシャット、キャンディス・ティリット、ヴェルマ・ヴェラスケス、ブライアン・ウォーカー、レイチェル・ウォン、そしてエツヨ・ヤマダ。

THOUGHTLESS ACTS?
by Jane Fulton Suri and IDEO

First published in English by Chronicle Books LLC,
San Francisco,California
Japanese translation published by arrangement with
Chronicle Books
through The English Agency (Japan) Ltd.

著者紹介

ジェーン・フルトン・スーリ　Jane Fulton Suri

米国のデザイン・ファーム IDEO ディレクター、ヒューマン・ファクター専門家。心理学と建築の学位をイギリスで取得後、1987 年にサンフランシスコの IDEO に加わる。世界中でデザインやビジネスに関する講演を行い、スタンフォード大学、カリフォルニア大学バークレー校ハースビジネススクール、カリフォルニア美術大学で講義を担当している。

訳者紹介

森 博嗣　（もり・ひろし）

1957 年愛知県生まれ。作家、工学博士。某国立大学工学部助教授のかたわら、1996 年に『すべてが F になる』で第 1 回メフィスト賞を受賞し、作家デビュー。受賞作をはじめとする S&M シリーズや、映画化され話題になった「スカイ・クロラ」シリーズなどの小説以外にも、絵本『STAR EGG 星の玉子様』、エッセィ『森博嗣の道具箱』『森博嗣の半熟セミナ 博士、質問があります！』『DOG & DOLL』「MORI LOG ACADEMY」シリーズなど、著書多数。

ホームページ「森博嗣の浮遊工作室」：http://www001.upp.so-net.ne.jp/mori/

考えなしの行動？

2009 年 7 月 11 日第 1 版第 1 刷発行
2021 年 7 月 15 日第 1 版第 4 刷発行

著者　ジェーン・フルトン・スーリ＋IDEO
訳者　森 博嗣

発行人　岡 聡
編　集　村上清
発行所　株式会社太田出版
〒160-8571 東京都新宿区愛住町 22 第三山田ビル 4F
電話 03（3359）6262　振替 00120-6-162166
ホームページ http://www.ohtabooks.com
ブックデザイン　相馬章宏（Concorde）
協　力　西本美由紀
印刷・製本　株式会社シナノ

ISBN978-4-7783-1179-7　